Impressum
Verlag: BABADADA GmbH, Nedderfeld 112 , 22529 Hamburg
Geschäftsführer / Verlagsleitung: Harald Hof
Druck: Books on Demand GmbH, In de Tarpen 42, 22848 Norderstedt

Imprint
Publisher: BABADADA GmbH, Nedderfeld 112 , 22529 Hamburg, Germany
Managing Director / Publishing direction: Harald Hof
Print: Books on Demand GmbH, In de Tarpen 42, 22848 Norderstedt, Germany

școală

школа

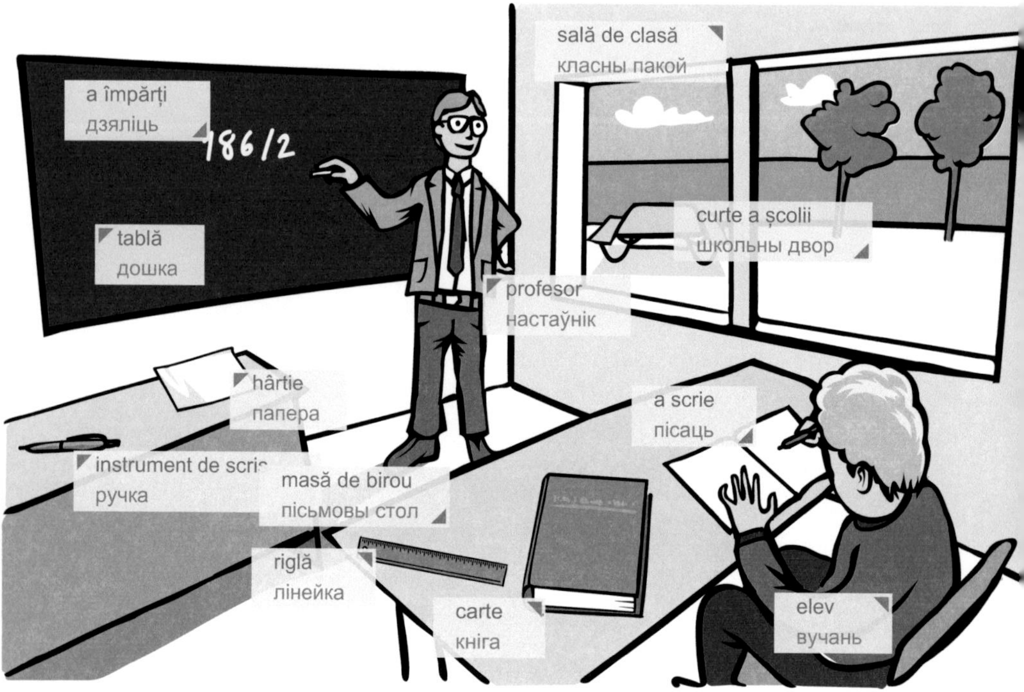

salā de clasă
класны пакой
a împărți
дзяліць
186/2
tablă
дошка
curte a școlii
школьны двор
profesor
настаўнік
hârtie
папера
a scrie
пісаць
instrument de scris
ручка
masă de birou
пісьмовы стол
riglă
лінейка
carte
кніга
elev
вучань

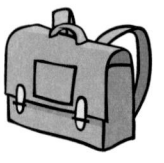

ghiozdan

ранец

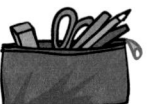

penar

пенал

creion

просты аловак

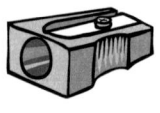

ascuțitoare

тачылка для алоўкаў

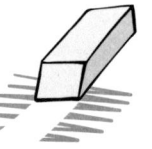

radieră

гумка

bloc de desen

альбом для малявання

desen

малюнак

pensulă

пэндзлік

cutie de acuarele

фарбы

foarfece

нажніцы

lipici

клей

caiet de exerciții

сшытак

temă

хатняе заданне

număr

лік

a aduna

дадаваць

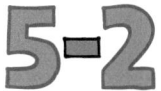

a scădea

адымаць

a multiplica

множыць

a calcula

лічыць

literă

літара

alfabet

алфавіт

hello

cuvânt

слова

text

тэкст

a citi

чытаць

cretă

крэйда

oră

ўрок

catalog

класны журнал

examen

экзамен

certificat

атэстат

uniformă şcolară

школьная форма

educaţie

адукацыя

enciclopedie

энцыклапедыя

universitate

універсітэт

microscop

мікраскоп

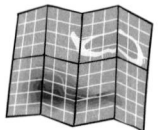

hartă

карта

coş de gunoi

смеццевы кошык

călătorie

падарожжа

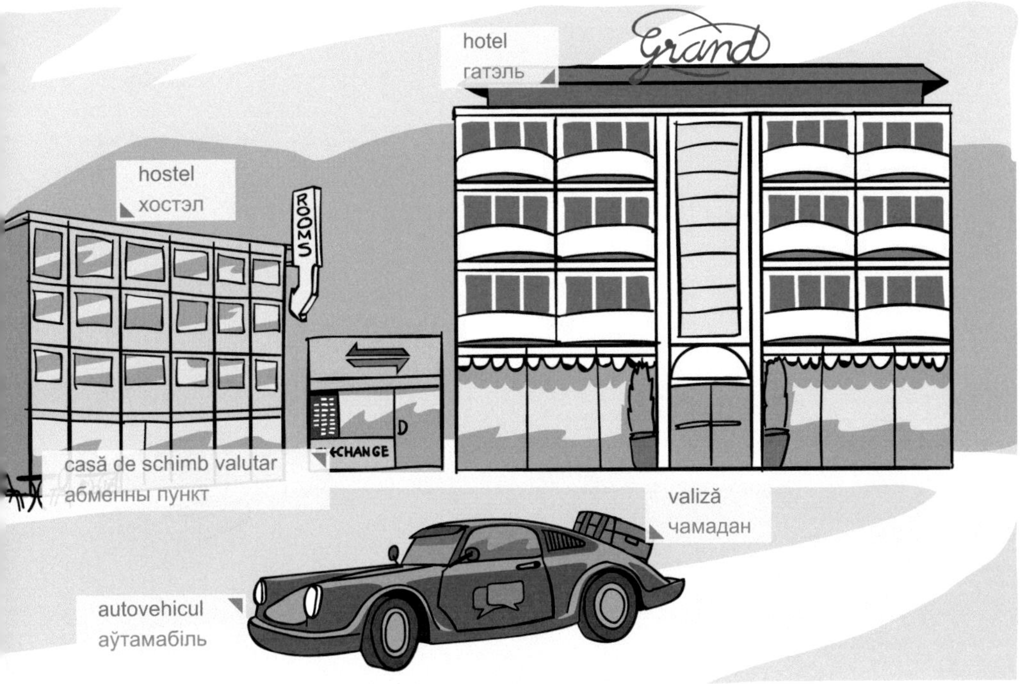

hotel
гатэль
Grand
hostel
хостэл
ROOMS
EXCHANGE
casă de schimb valutar
абменны пункт
valiză
чамадан
autovehicul
аўтамабіль

limbă

мова

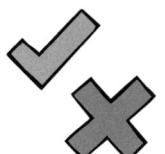

da/nu

так / не

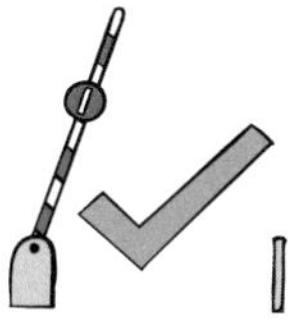

okay

добра

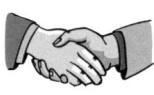

Bună!

прывітанне!

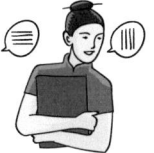

interpret

перакладчык

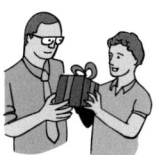

mulțumesc

дзякуй

Cât costă…?

Колькі каштуе….?

Nu înțeleg

я не разумею

problemă

праблема

Bună seara!

Добры вечар!

Bună dimineața!

Добрай раніцы!

Noapte bună!

Дабранач!

la revedere

да пабачэння

direcție

кірунак

bagaj

багаж

geantă

сумка

rucsac

заплечнік

oaspete

госць

cameră

пакой

sac de dormit

спальны мяшок

cort

палатка

unct de informare turistică

фармацыя для турыстаў

plajă

пляж

carte de credit

крэдытная картка

mic dejun

снеданне

masa de prânz

абед

cină

вячэра

bilet de călătorie

праязны білет

lift

ліфт

timbru poştal

паштовая марка

graniţă

мяжа

vamă

мытня

ambasadă

пасольства

viză

віза

paşaport

пашпарт

transport
транспарт

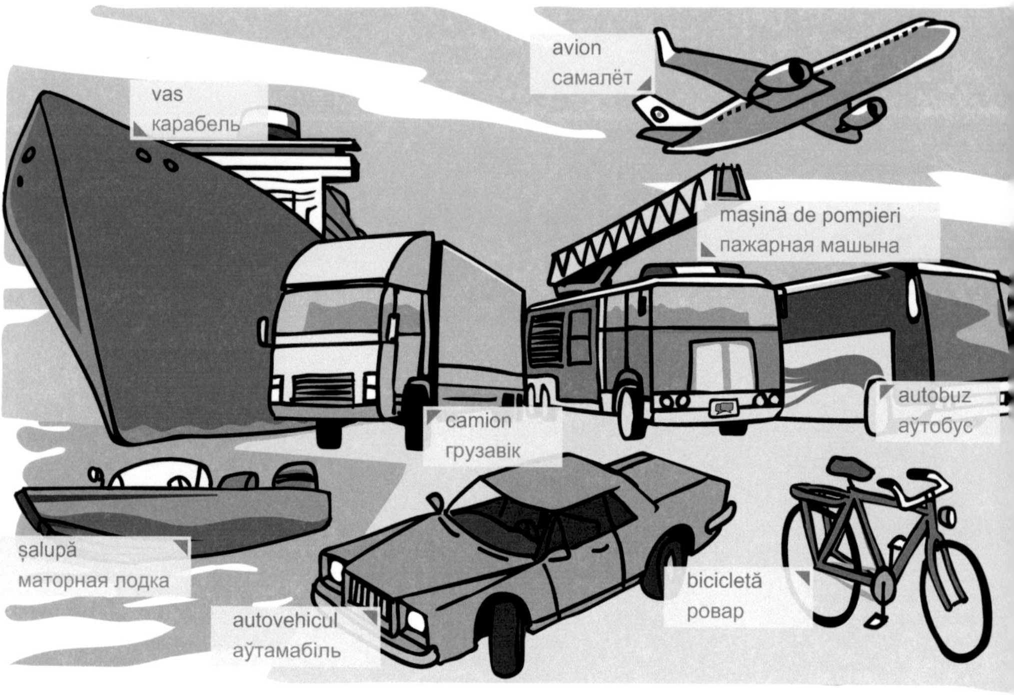

avion
самалёт

vas
карабель

maşină de pompieri
пажарная машына

autobuz
аўтобус

camion
грузавік

şalupă
маторная лодка

bicicletă
ровар

autovehicul
аўтамабіль

feribot

паром

barcă

лодка

motocicletă

матацыкл

maşină de poliţie

паліцэйская машына

maşină de curse

гоначны аўтамабіль

maşină închiriată

арэндаваны аўтамабіль

car sharing

сумеснае карыстанне
аўтамабілем

maşină de tractat

эвакуатар

maşină de gunoi

смеццявоз

motor

матор

combustibil

паліва

benzinărie

запраўка

semn de circulaţie

дарожны знак

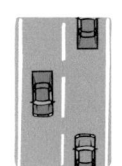

trafic

дарожны рух

ambuteiaj

затор

parcare

паркоўка

gară

чыгуначная станцыя

şine

рэйкі

tren

цягнік

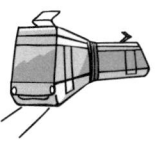

tramvai

трамвай

vagon

вагон

elicopter

верталёт

aeroport

аэрапорт

turn

вежа

pasager

пасажыр

container

кантэйнер

carton

кардонная скрыня

căruță

тачка

coş

карзіна

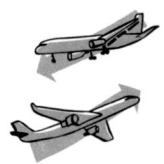

a decola/a ateriza

ўзлятаць / прызямляцца

oraş

горад

sat

вёска

centru

цэнтр горада

casă

дом

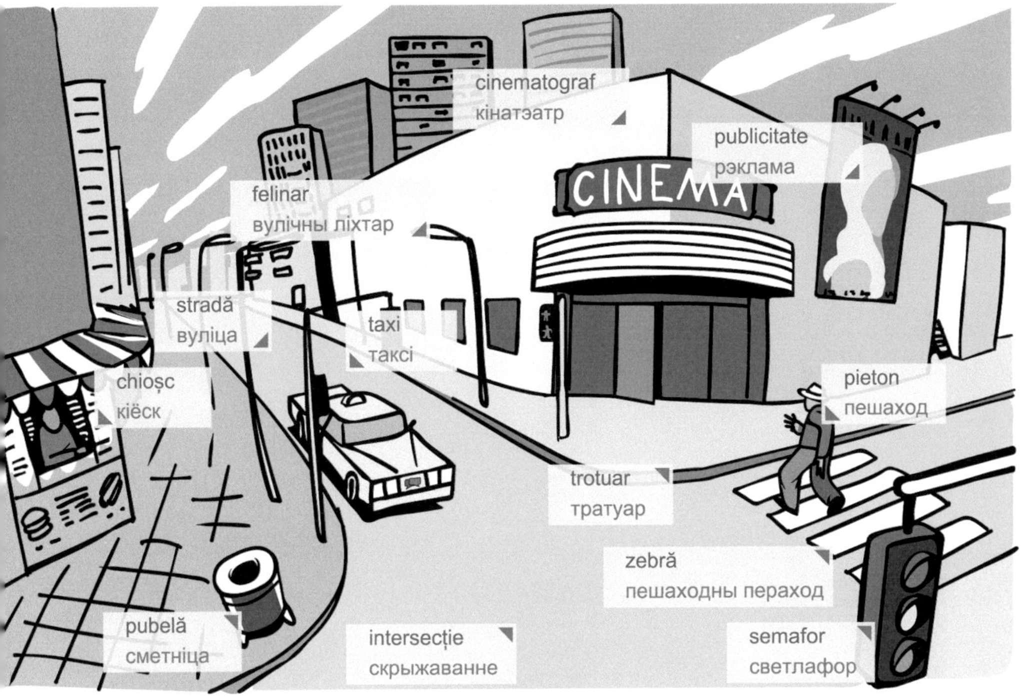

cinematograf
кінатэатр

publicitate
рэклама

felinar
вулічны ліхтар

CINEMA

strada
вуліца

taxi
таксі

pieton
пешаход

chioșc
кіёск

trotuar
тратуар

zebră
пешаходны перахад

pubelă
сметніца

intersecție
скрыжаванне

semafor
светлафор

cabană

халупа

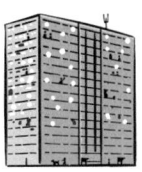

apartament

кватэра

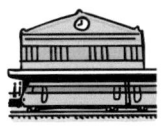

gară

чыгуначная станцыя

primărie

ратуша

muzeu

музей

școală

школа

universitate

універсітэт

bancă

банк

spital

шпіталь

hotel

гатэль

farmacie

аптэка

birou

офіс

librărie

кнігарня

magazin

крама

florărie

кветкавая крама

supermarket

супермаркет

piață

кірмаш

magazin universal

універмаг

comerciant de pește

рыбная крама

centru comercial

гандлевы цэнтр

port

порт

parc

парк

bancă

лава

pod

мост

trepte

лесвіца

metrou

метро

tunel

тунэль

staţie de autobuz

прыпынак

bar

бар

restaurant

рэстаран

cutie poştală

паштовая скрыня

tăbliţă indicatoare cu numele străzii

вулічны паказальнік

parcometru

паркамат

grădină zoologică

заапарк

piscină

басейн

moschee

мячэць

gospodărie ţărănească

сядзіба

poluare

забруджванне
навакольнага асяроддзя

cimitir

могілкі

biserică

царква

loc de joacă

пляцоўка для гульні

templu

храм

peisaj
краявід

frunză
ліст

indicator
паказальнік

drum
дарога

pajişte
луг

piatră
камень

coрac
дрэва

drumeţ
падарожнік

râu
рака

iarbă
трава

floare
кветка

vale

даліна

deal

гара

lac

возера

pădure

лес

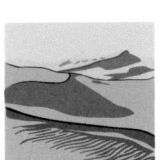

deșert

пустыня

vulcan

вулкан

castel

замак

curcubeu

вясёлка

ciupercă

грыб

palmier

пальма

țânțar

камар

muscă

муха

furnică

мурашка

albină

пчала

păianjen

павук

gândac

жук

broască

жаба

veveriță

вавёрка

arici

вожык

iepure

заяц

bufniță

сава

pasăre

птушка

lebădă

лебедзь

porc mistreț

дзік

cerb

алень

elan

лось

dig

плаціна

turbină eoliană

вятрак

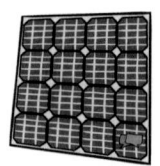

panou solar

сонечная батарэя

climă

клімат

restaurant

рэстаран

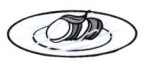

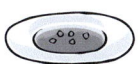

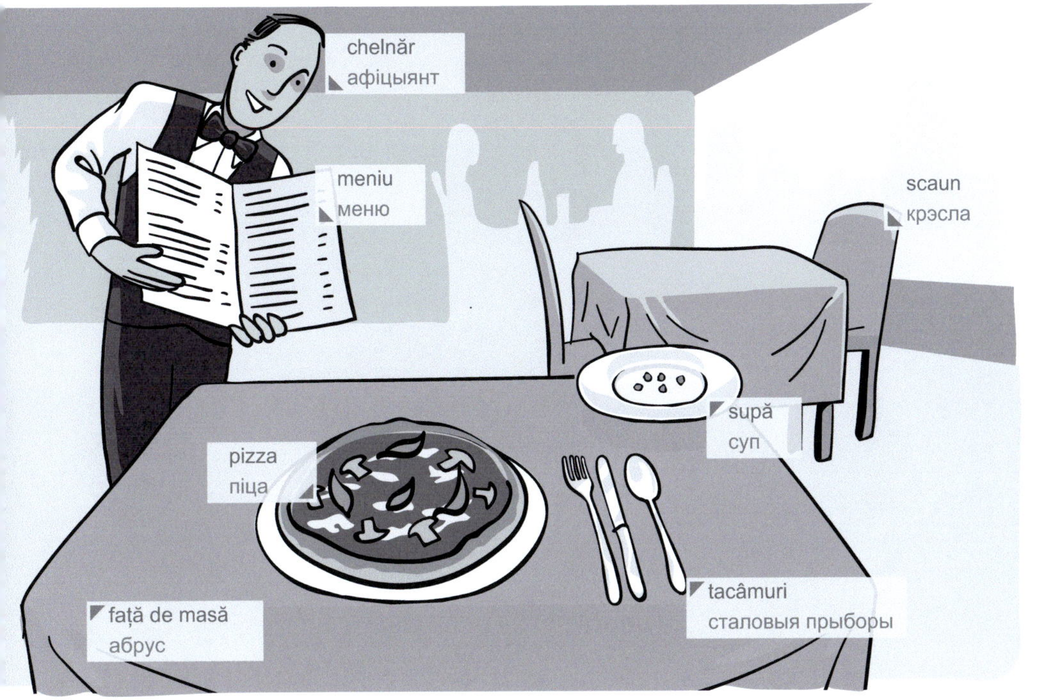

chelnăr
афіцыянт
meniu
меню
scaun
крэсла
supă
суп
pizza
піца
tacâmuri
сталовыя прыборы
față de masă
абрус

antreu

закуска

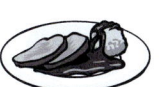

fel principal

другая страва

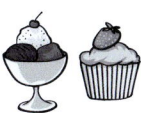

desert

дэсерт

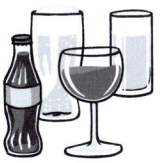

băuturi

напоі

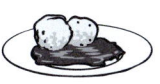

mâncare

ежа

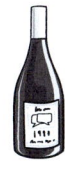

sticlă

бутэлька

fastfood

хуткае харчаванне (фаст-фуд)

streetfood

стрыт-фуд

ceainic

імбрык (чайнік)

zaharniță

цукарніца

porție

порцыя

espressor

эспрэса-машына

scaun înalt (pentru copii)

дзіцячае крэселка

factură

рахунак

tavă

паднос

cuțit

нож

furculiță

відэлец

lingură

лыжка

linguriță

чайная лыжка

șervețel

сурвэтка

pahar

шклянка

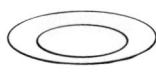

farfurie

талерка

farfurie de supă

супавая талерка

farfurie

сподак

sos

соус

solniţă

сальніца

râşniţă de piper

млынок для перцу

oţet

воцат

ulei

алей

condimente

спецыі

ketchup

кетчуп

muştar

гарчыца

maioneză

маянэз

supermarket
супермаркет

ofertă
акцыя
FOR
client
пакупнік
produse lactate
малочныя прадукты
fructe
садавіна
cărucior de cumpărături
вазок

BUTCHERS

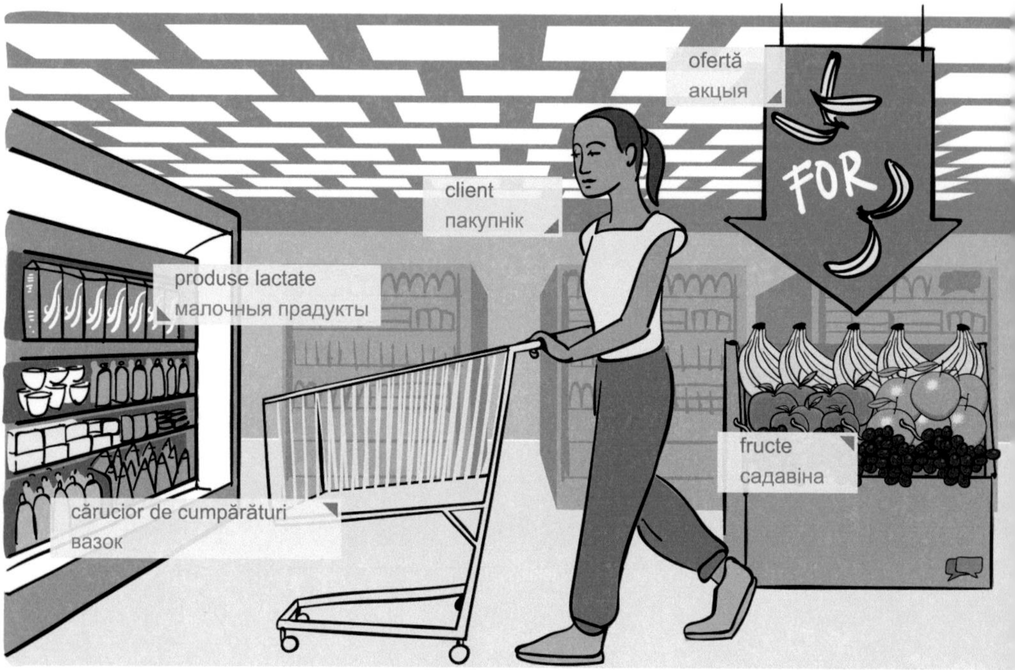

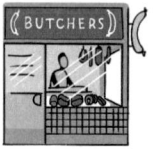

măcelărie

мясная крама

BAKERY

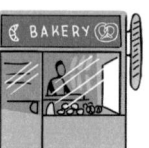

brutărie

хлебны магазін

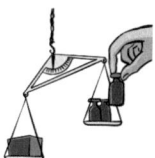

a cântări

важыць

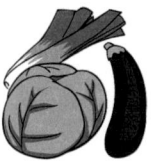

legume

гароднiна

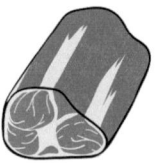

carne

мяса

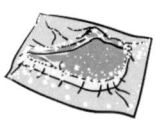

alimente refrigerate

свежазамарожаныя прадукты

ezeluri și brânzeturi feliate

нарэзка

conserve

кансервы

detergent

пральны парашок

dulciuri

прысмакі

articole de menaj

хатнія прылады

produse de curățenie

чысцячы сродак

vânzătoare

прадавец

casă

каса

casier

касір

listă de cumpărături

спіс пакупак

orar

гадзіны працы

portmoneu

бумажнік

carte de credit

крэдытная картка

geantă

сумка

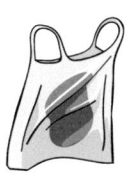

pungă de plastic

пакет

apă

вада

suc

сок

lapte

малако

cola

кола

vin

віно

bere

піва

alcool

алкаголь

cacao

какава

ceai

гарбата (чай)

cafea

кава

espresso

эспрэса

cappucino

капучына

banane

банан

măr

яблык

portocală

апельсін

pepene

дыня

lămâie

лімон

morcov

морква

usturoi

часнок

bambus

бамбук

ceapă

цыбуля

ciupercă

грыб

nuci

арэхі

paste făinoase

локшына

spagheti

спагеці

orez

рыс

salată

салата

cartofi prăjiți

бульба фры

cartofi țărănești

смажаная бульба

pizza

піца

hamburger

гамбургер

sandwich

бутэрброд

șnițel

шніцаль

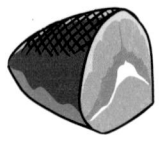

șuncă

вяндліна

salam

салямі

cârnați

каўбаса

pui

курыца

friptură

смажаніна

pește

рыбак

mâncare - ежа

fulgi de ovăz

аўсяныя камякі

musli

мюслі

cereale

кукурузныя шматкі

făină

мука

corn

круасан

chifle

булачка

pâine

хлеб

pâine prăjită

тост

biscuiți

пячэнне

unt

масла

brânză de vaci

тварог

prăjitură

пірог

ou

яйка

ouă ochiuri

яечня

brânză

сыр

îngheţată

марожанае

zahăr

цукар

miere

мёд

marmeladă

варэнне

cremă nuga

нуга

curry

кары

gospodărie țărănească
сядзіба

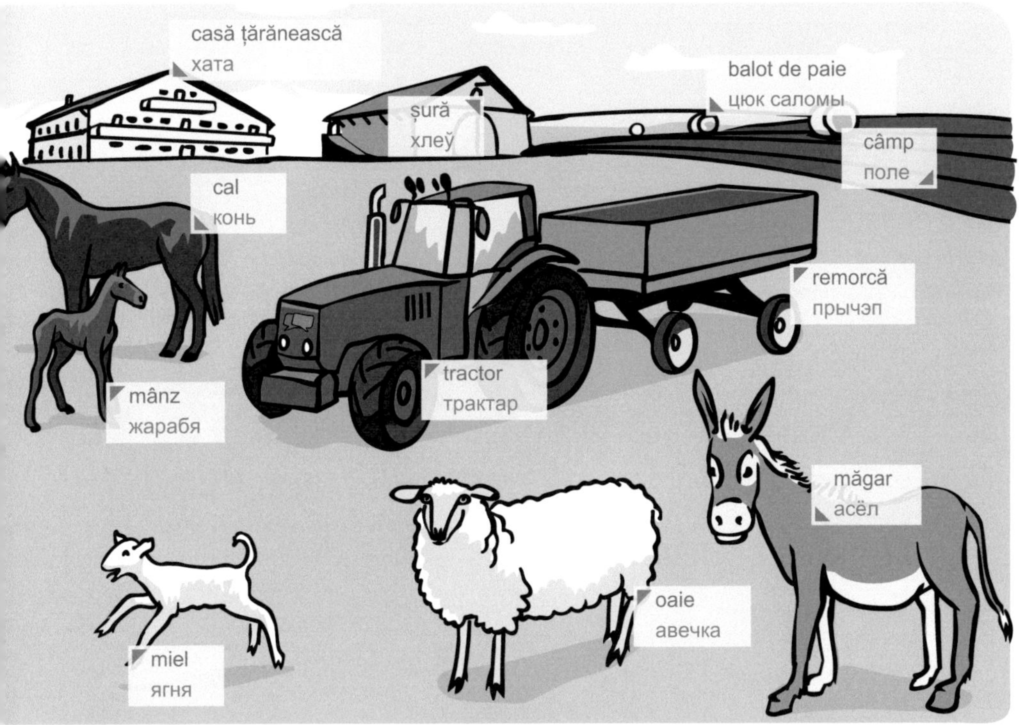
casă țărănească
хата
balot de paie
цюк саломы
șură
хлеў
câmp
поле
cal
конь
remorcă
прычэп
tractor
трактар
mânz
жарабя
măgar
асёл
oaie
авечка
miel
ягня

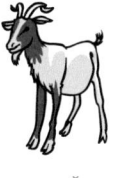

capră

каза

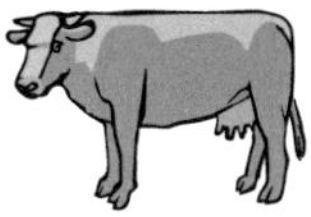

vacă

карова

vițel

цяля

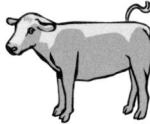

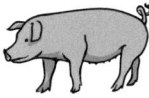

porc

свіння

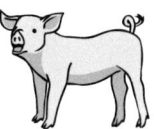

purcel

парася

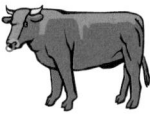

taur

бык

găină

гусак

rață

качка

pui

кураня

găină

курыца

cocoș

певень

șobolan

пацук

pisică

кот

șoarece

мыш

bou

вол

câine

сабака

cușcă

сабачая будка

furtun de grădină

садовы шланг

stropitoare

палівачка

coasă

каса

plug

плуг

seceră

серп

sapă

матыка

furcă

вілы для гною

secure

сякера

roabă

тачка

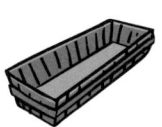

troacă

карыта

cană pentru lapte

бітон для малака

sac

мех

gard

плот

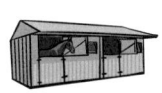

grajd

хлеў

seră

цяпліца

sol

глеба

sămânță

насенне

fertilizator

угнаенне

combină de treierat

камбайн

a culege

збіраць ураджай

recoltă

ураджай

cartof yam

ямс

grâu

пшаніца

soia

соя

cartof

бульба

porumb

кукуруза

rapiță

рапс

pom fructifer

садовае дрэва

manioc

маніёк

cereale

збожжа

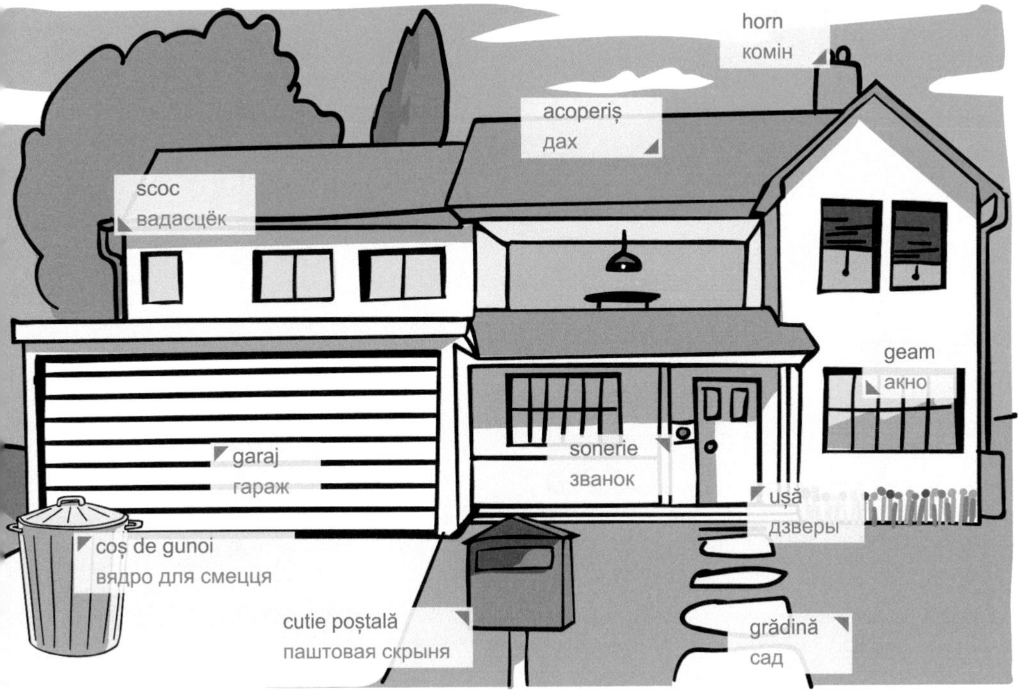

horn
комін

acoperiş
дах

scoc
вадасцёк

geam
акно

garaj
гараж

sonerie
званок

uşă
дзверы

coş de gunoi
вядро для смецця

cutie poştală
паштовая скрыня

grădină
сад

cameră de zi

жылы пакой

baie

ванная

bucătărie

кухня

dormitor

спальны пакой

camera copiilor

дзіцячы пакой

sufragerie

сталоўка

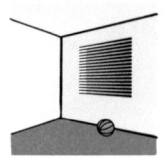

podea

падлога

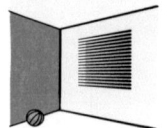

perete

сцяна

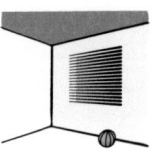

tavan

столь

pivniță

падвал

saună

саўна

balcon

балкон

terasă

тэраса

piscină

басейн

mașină de tuns iarba

касілка

cearșaf

падкоўдранік

cuvertură

коўдра

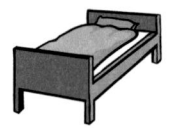

pat

ложак

mătură

венік

găleată

вядро

întrerupător

выключальнік

casă - дом

cameră de zi
жылы пакой

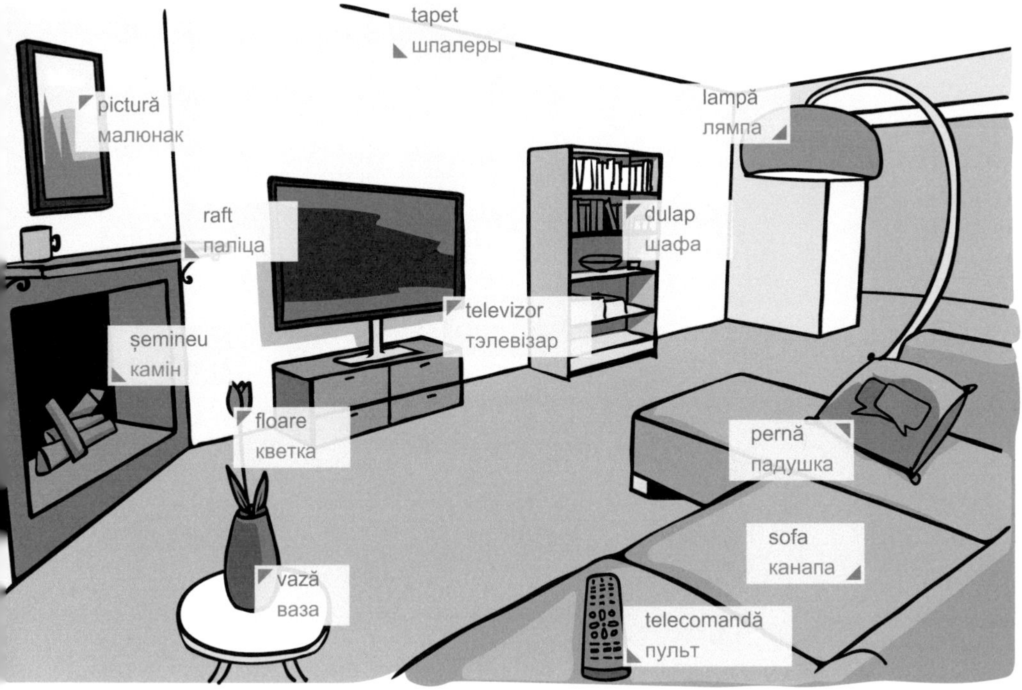
tapet
шпалеры
pictură
малюнак
lampă
лямпа
raft
паліца
dulap
шафа
televizor
тэлевізар
șemineu
камін
floare
кветка
pernă
падушка
sofa
канапа
vază
ваза
telecomandă
пульт

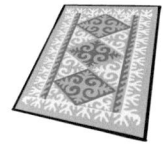

covor
дыван

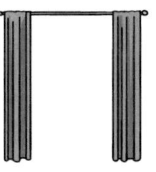

perdea
фіранка

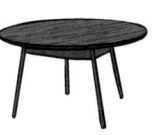

masă
стол

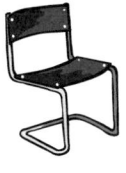

scaun
крэсла

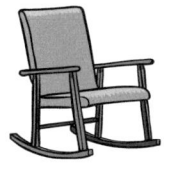

balansoar
крэсла-качалка

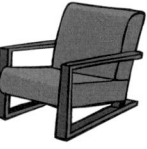

fotoliu
крэсла

carte

кніга

pătură

коўдра

decoraţiune

дэкарацыя

lemn de foc

дровы

film

кіно

instalaţie stereo

стэрэасістэма

cheie

ключ

ziar

газета

desen

карціна

poster

постар

radio

радыё

caiet de notiţe

нататнік

aspirator

пыласос

cactus

кактус

lumânare

свечка

bucătărie
кухня

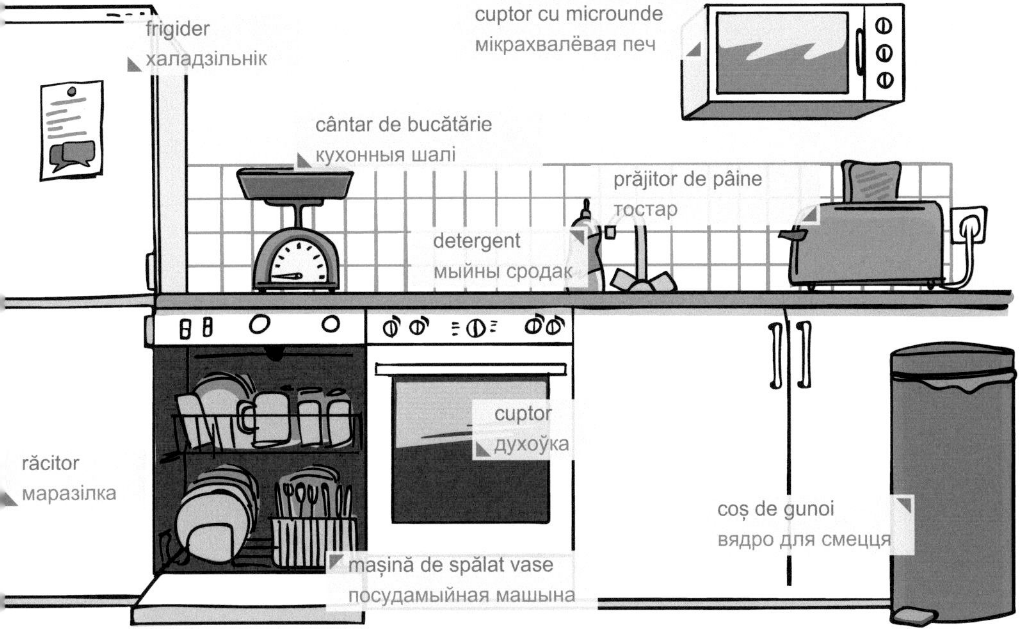

frigider
халадзільнік
cuptor cu microunde
мікрахвалёвая печ
cântar de bucătărie
кухонныя шалі
prăjitor de pâine
тостар
detergent
мыйны сродак
cuptor
духоўка
răcitor
маразілка
coş de gunoi
вядро для смецця
maşină de spălat vase
посудамыйная машына

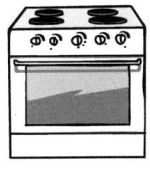

cuptor

пліта

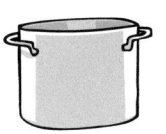

oală

рондаль

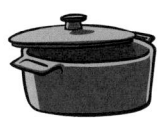

oală de metal

чыгунок

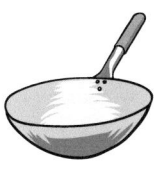

wok/kadai

Вок / кадаі

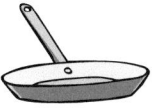

tigaie

патэльня

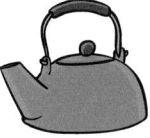

ceainic

чайнік

oală de gătit cu aburi

параварка

tavă de copt

бляха

veselă

посуд

pahar

кубак

bol

міска

bețișoare

палачкі для ежы

polonic

чарпак

spatulă

лапатачка

tel

збівалка

sită

сіта для варэння

sită

сіта

răzătoare

тарка

mojar

ступка

grătar

грыль

loc pentru grătar

вогнішча

tocător

дошка

sucitor

качалка

tirbușon

штопар

conservă

бляшанка

deschizător de conserve

адкрывалка

șervete termice

прыхваткі

chiuvetă

ракавіна

perie

шчотка

burete

губка

mixer

міксер

ladă frigorifică

маразільная камера

biberon

бутэлечка

robinet

вадаправодны кран

baie

ванная

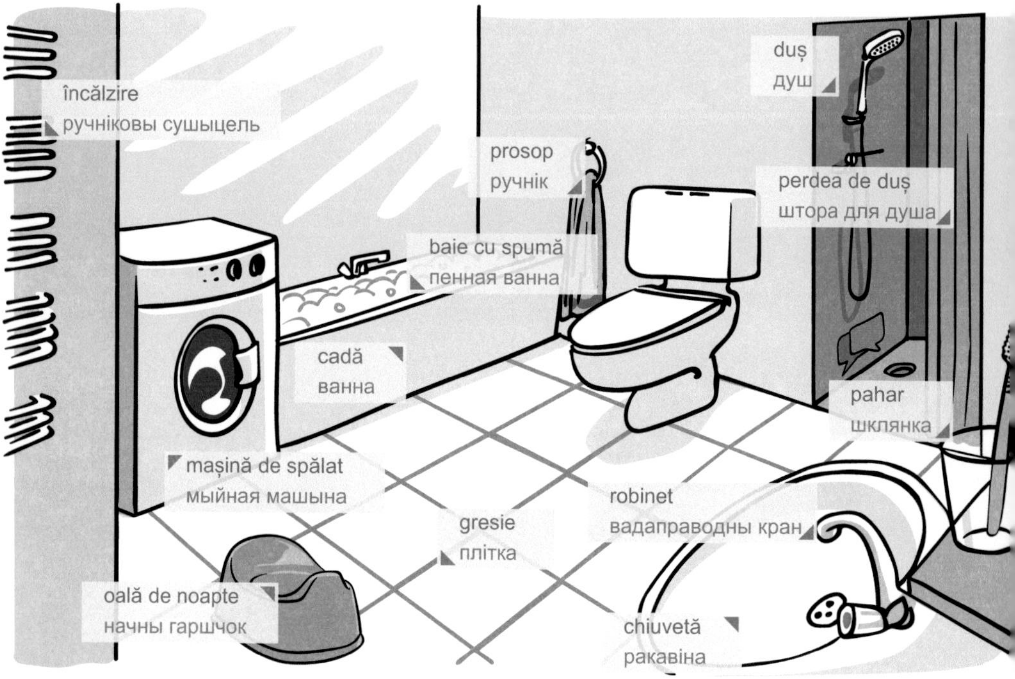

încălzire
ручніковы сушыцель
prosop
ручнік
duș
душ
perdea de duș
штора для душа
baie cu spumă
пенная ванна
cadă
ванна
pahar
шклянка
mașină de spălat
мыйная машына
robinet
вадаправодны кран
gresie
плітка
oală de noapte
начны гаршчок
chiuvetă
ракавіна

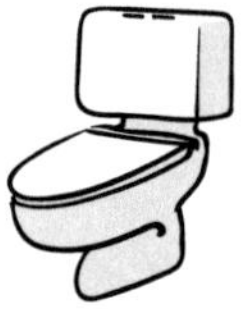

toaletă

туалет

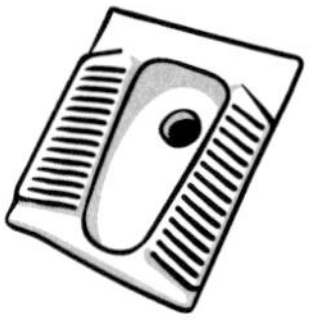

toaletă turcescă

падлогавы ўнітаз

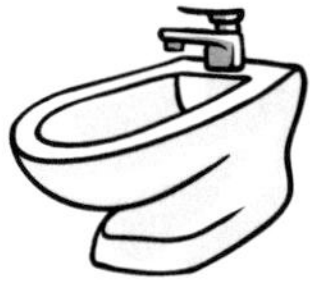

bideu

бідэ

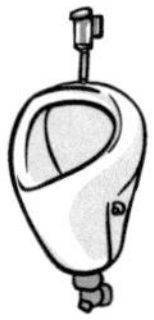

pisoir

пісуар

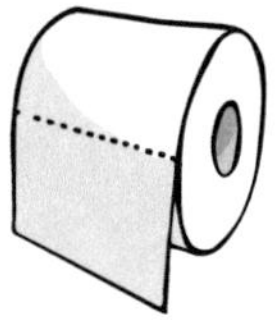

hârtie igienică

туалетная папера

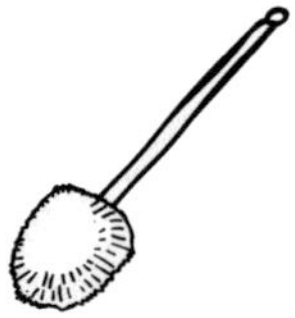

perie de toaletă

шчотка для чысткі ўнітаза

periuță de dinți

зубная шчотка

pastă de dinți

зубная паста

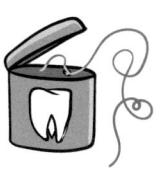

ață dentară

зубная нітка

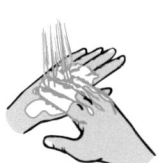

a spăla

мыць

cap de duș

ручны душ

duș intim

інтымны душ

lavoar

умывальнік

perie pentru spate

шчотка для спіны

săpun

мыла

gel de duș

гель для душа

șampon

шампунь

cârpă de spălat

вяхотка

scurgere

вадасцёк

cremă

крэм

deodorant

дэзадарант

oglindă

люстэрка

oglindă cosmetică

касметычнае люстэрка

aparat de ras

станок для галення

spumă de ras

пена для галення

aftershave

ласьён пасля галення

pieptene

грэбень

perie

шчотка

uscător de păr

фен

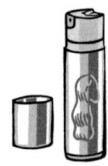

fixator

лак для валасоў

machiaj

касметыка

ruj

памада

lac de unghii

лак для пазногцяў

vată

вата

foarfece de unghii

манікюрныя нажніцы

parfum

духі

neseser

касметычка

taburet

табурэтка

cântar

вагі

halat de baie

лазневы халат

mănuși de cauciuc

санітарныя пальчаткі

tampon

тампон

tampon

гігіенічныя пракладкі

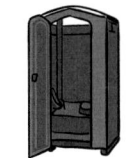

toaletă chimică

біятуалет

camera copiilor

дзіцячы пакой

ceas deșteptător
будзільнік
jucărie de pluș
мяккая цацка
mașină de jucărie
цацачная машынка
morișcă
бразготка
casă de păpuși
лялечны домік
cadou
падарунак

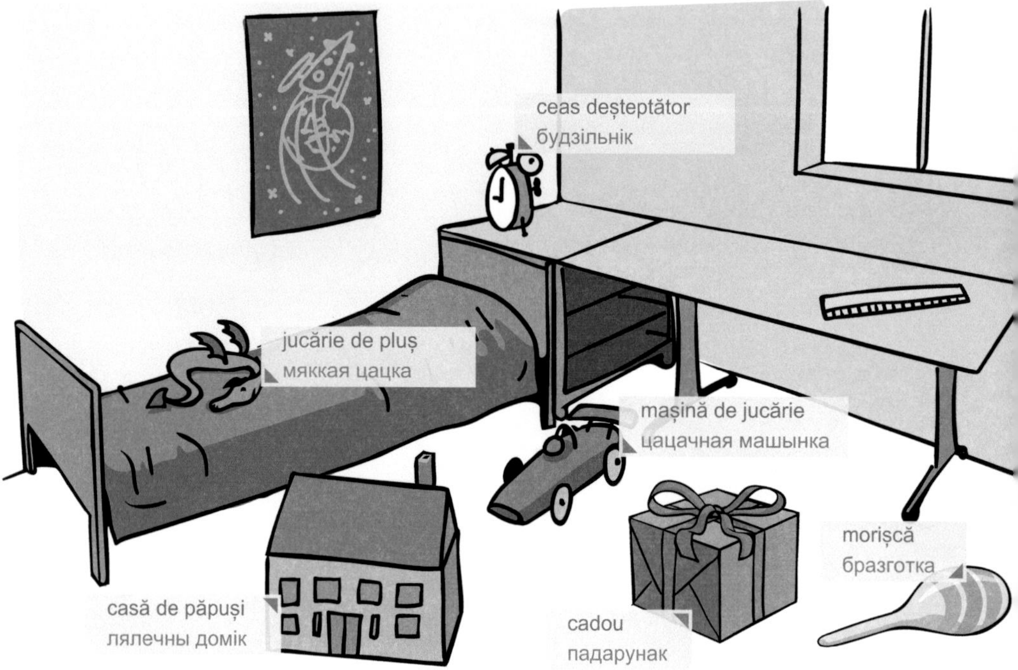

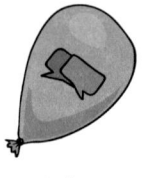

balon

надзіманы шарык

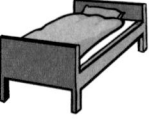

pat

ложак

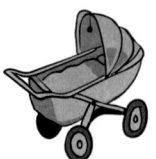

cărucior de copii

дзіцячая каляска

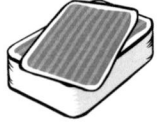

joc de cărți

калода картаў

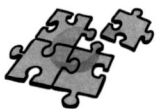

puzzle

пазл

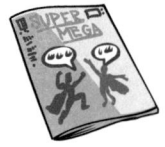

revistă de benzi desenate

комікс

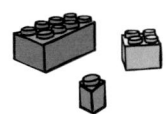

cuburi lego

канструктар "Лега"

piese pentru construcţii

канструктар

personaj din filmele de acţiune

экшэн-фігурка

body

дзіцячы гарнітур

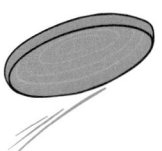

frisbee

фрызбі

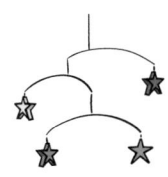

mobil

дзіцячы мабіль

joc de societate

настольная гульня

zar

кубік

set trenuleţ de jucărie

дзіцячая чыгунка

suzetă

пустышка

petrecere

дзіцячае свята

carte cu poze

кніга з малюнкамі

minge

мячык

păpuşă

лялька

a se juca

гуляцца

groapă de nisip

пясочніца

leagăn

арэлі

jucării

цацкі

consolă video

гульнявая відэа прыстаўка

tricicletă

трохколавы ровар

ursuleț

плюшавы мішка

dulap

шафа

îmbrăcăminte
адзенне

șosete

шкарпэткі

ciorapi

панчохі

dres

калготкі

şal
шалік

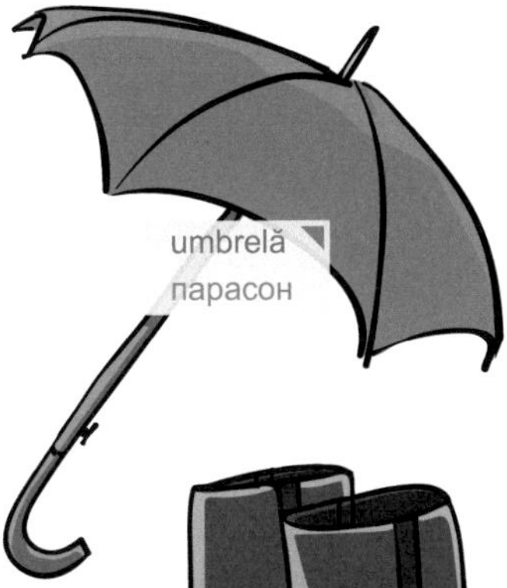

umbrelă
парасон

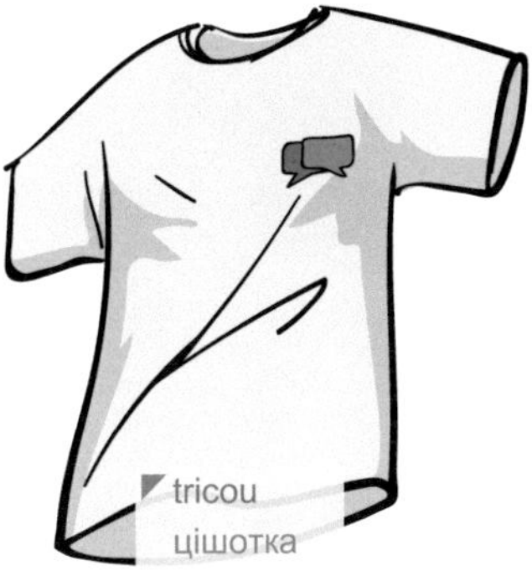

tricou
цішотка

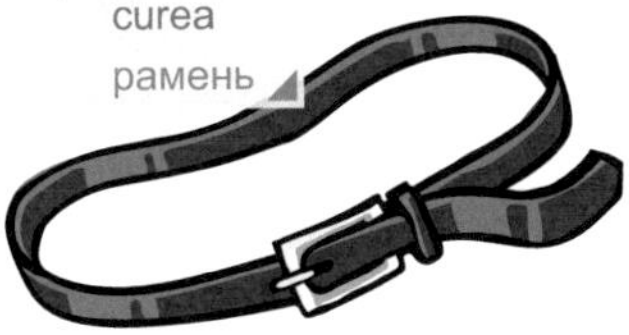

curea
рамень

cizme
боты

papuci
пантоплі

pantofi sport
красоўкі

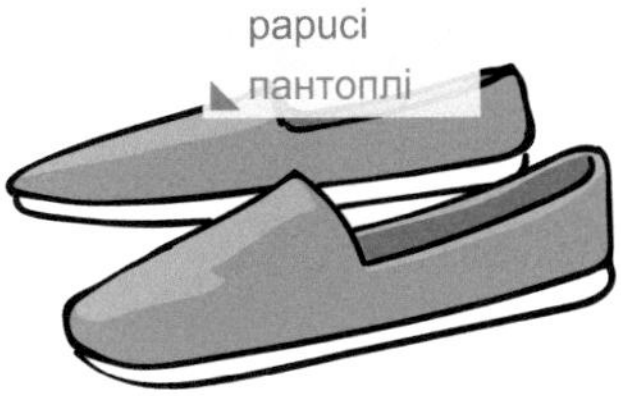

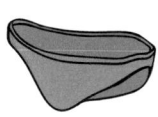

sandale
....
сандалі

încălţăminte
....
абутак

cizme de cauciuc
....
гумовыя боты

chilot
....
трусы

sutien
....
бюстгальтар

maiou
....
майка

body

бодзі

pantaloni

штаны

blugi

джынсы

fustă

спадніца

bluză

блузка

cămaşă

кашуля

pulover

джэмпер

jerseu

талстоўка

sacou

блэйзер

jachetă

куртка

palton

паліто

pelerină de ploaie

дажджавік

costum

касцюм

rochie

сукенка

rochie de mireasă

вясельная сукенка

costum

касцюм

cămașă de noapte

начная сарочка

pijama

піжама

sari

сары

batic

хустка

turban

цюрбан

burka

паранджа

caftan

каптан

abaya

Абая

costum de baie

купальнік

șort

плаўкі

pantaloni scurți

шорты

trening

спартыўны касцюм

șorț

фартух

mănuși

пальчаткі

nasture

гузік

ochelari

акуляры

brățară

бранзалет

lanț

каралі

inel

кальцо

cercel

завушніца

căciulă

кепка

umeraș

вешалка

pălărie

капялюш

cravată

гальштук

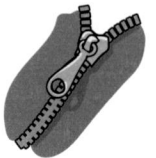

fermoar

маланка

cască

шлем

bretele

падцяжкі

uniformă școlară

школьная форма

uniformă

уніформа

48   îmbrăcăminte - адзенне

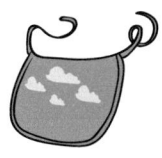

bavețică

нагруднік

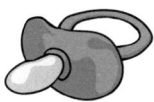

suzetă

пустышка

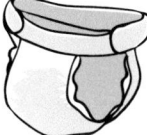

scutec

падгузнік

birou

офіс

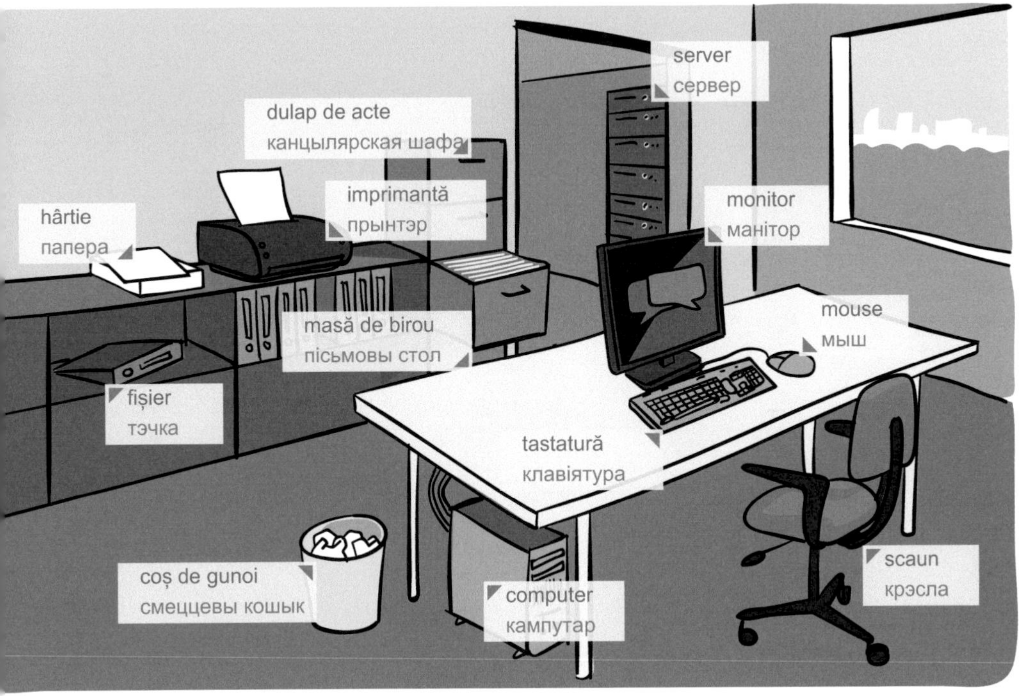

server
сервер
dulap de acte
канцылярская шафа
imprimantă
прынтэр
hârtie
папера
monitor
манітор
mouse
мыш
masă de birou
пісьмовы стол
fișier
тэчка
tastatură
клавіятура
coș de gunoi
смеццевы кошык
computer
кампутар
scaun
крэсла

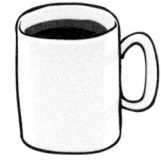

ceașcă de cafea

кубак для кавы (філіжанка)

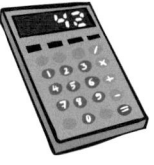

calculator

калькулятар

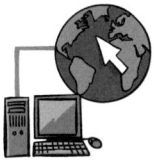

internet

інтэрнэт

laptop

ноўтбук

scrisoare

ліст

mesaj

паведамленне

telefon mobil

мабільны тэлефон

reţea

сетка

copiator

ксеракс

software

праграмнае забеспячэнне

telefon

тэлефон

priză

разетка

fax

факс

formular

фармуляр

document

дакумент

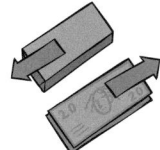

a cumpăra

купляць

a plăti

плаціць

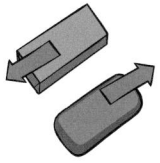

a face comerț

гандляваць

bani

грошы

Dolar

долар

Euro

еўра

Yen

ена

Rublă

рубель

Franc Elvețian

франк

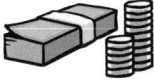

renminbi yuan

кітайскі юань

Rupie

рупія

bancomat

банкамат

casă de schimb valutar

абменны пункт

aur

золата

argint

срэбра

petrol

нафта

energie

энергія

preț

цана

contract

кантракт

impozit

падатак

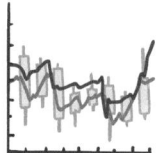

acțiune

акцыя

a munci

працаваць

angajat

служачы

angajator

працадаўца

fabrică

фабрыка

magazin

крама

ocupații
прафесii

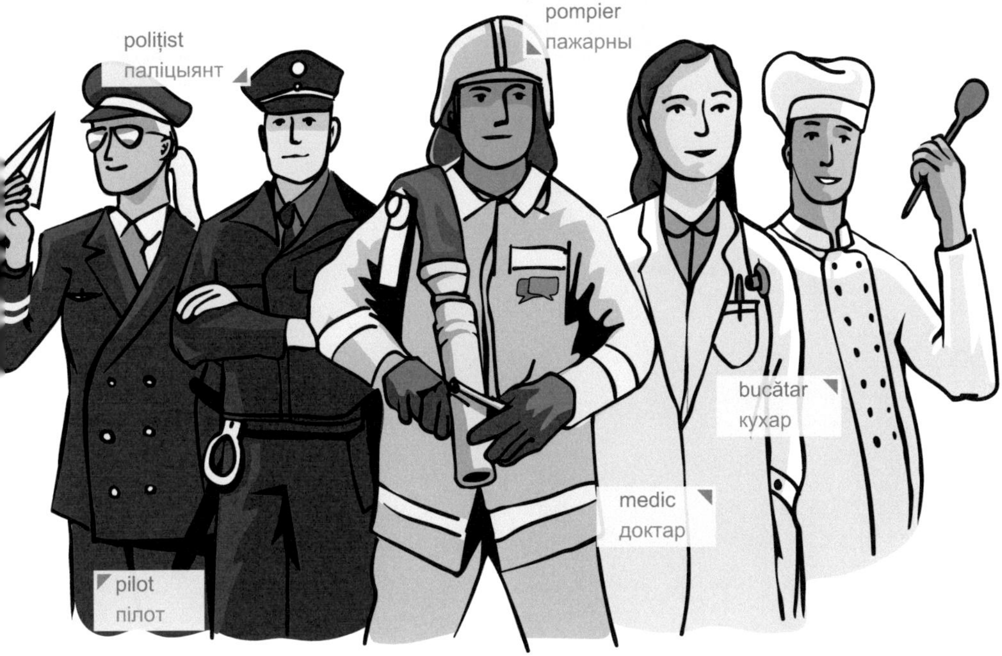
polițist
паліцыянт
pompier
пажарны
bucătar
кухар
medic
доктар
pilot
пілот

grădinar

садоўнік

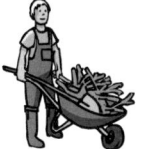

tâmplar

слесар

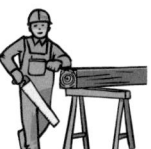

cusătoreasă

швачка

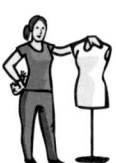

judecător

суддзя

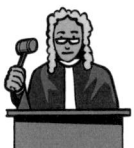

chimist

хімік

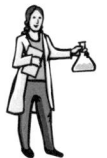

actor

артыст

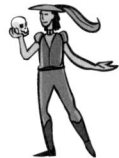

şofer de autobuz

кіроўца аўтобуса

şofer de taxi

таксіст

pescar

рыбак

femeie de serviciu

прыбіральшчыца

tinichigiu

страхар

chelnăr

афіцыянт

vânător

паляўнічы

pictor

мастак

brutar

пекар

electrician

электрык

muncitor în construcţii

будаўнік

inginer

інжынер

măcelar

мяснік

instalator

сантэхнік

poştaş

паштальён

soldat

салдат

arhitect

архітэктар

casier

касір

florar

фларыст

frizer

цырульнік

controlor

кандуктар

mecanic

механік

căpitan

капітан

stomatolog

стаматолаг

om de ştiinţă

вучоны

rabin

рабін

imam

імам

călugăr

манах

preot

святар

instrumente
інструменты

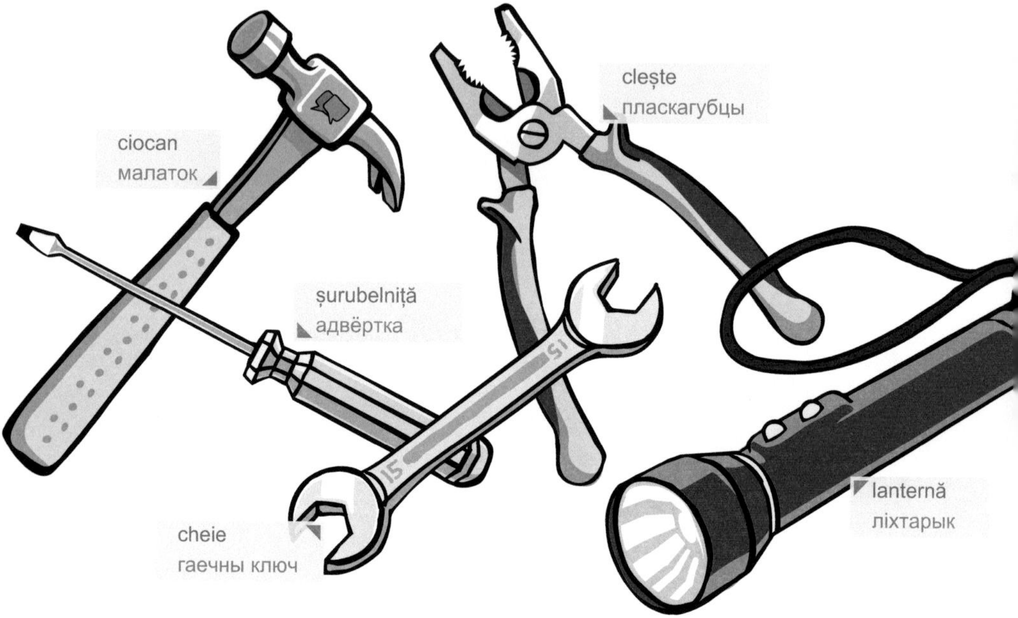

ciocan
малаток
clește
пласкагубцы
șurubelniță
адвёртка
cheie
гаечны ключ
lanternă
ліхтарык

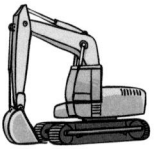

excavator

экскаватар

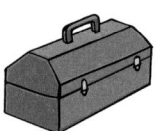

cutie de scule

скрыня для інструментаў

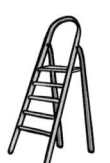

scară

дравіны

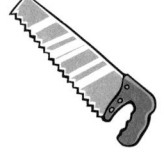

ferăstrău

піла

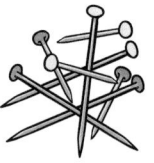

cuie

цвікі

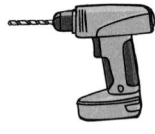

burghiu

дрыль

a repara

рамантаваць

lopată

рыдлеўка

La naiba!

Халера!

făraş

шуфлік для смецця

vas pentru vopsea

вядро з фарбаю

şuruburi

балты

instrumente muzicale
музычныя інструменты

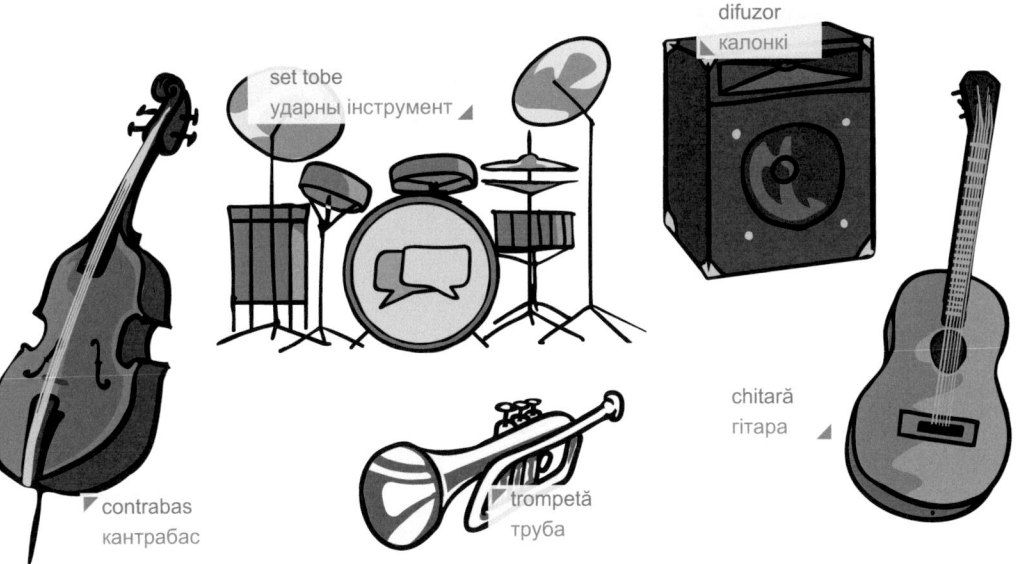

difuzor
калонкі

set tobe
ударны інструмент

chitară
гітара

contrabas
кантрабас

trompetă
труба

pian

піяніна

vioară

скрыпка

bas

басгітара

trombon

літаўры

tobă

барабан

keyboard

клавішны электрамузычны інструмент

saxofon

саксафон

fluier

флейта

microfon

мікрафон

grădină zoologică

заапарк

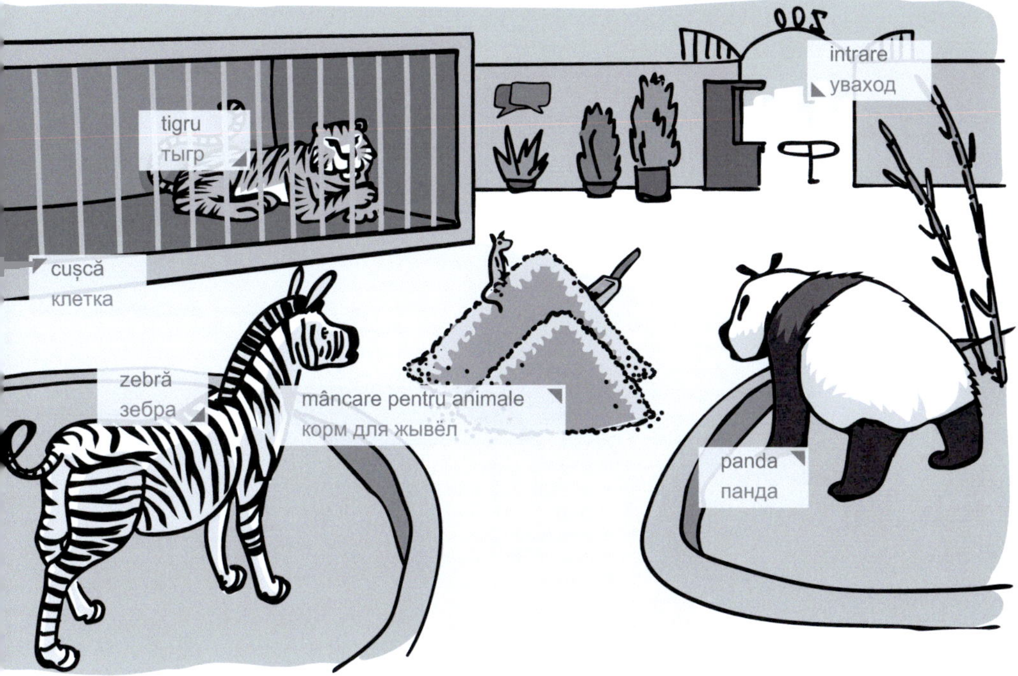
intrare
уваход
tigru
тыгр
cușcă
клетка
zebră
зебра
mâncare pentru animale
корм для жывёл
panda
панда

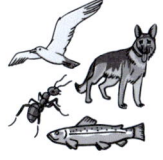

animale

жывёлы

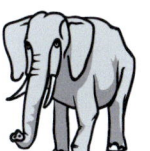

elefant

слон

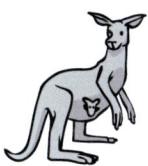

cangur

кенгуру

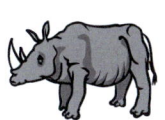

rinocer

насарог

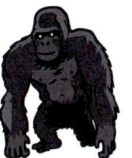

gorilă

гарыла

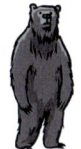

urs

мядзведзь

cămilă

вярблюд

struţ

стравус

leu

леў

maimuţă

малпа

flamingo

фламінга

papagal

папугай

urs polar

белы мядзведзь

pinguin

пінгвін

rechin

акула

păun

паўлін

şarpe

змяя

crocodil

кракадзіл

îngrijitor grădina zoologică

наглядчык заапарка

focă

цюлень

jaguar

ягуар

ponei

поні

leopard

леапард

hipopotam

бегемот

girafă

жыраф

acvilă

арол

porc mistreț

дзік

pește

рыбак

broască țestoasă

чарапаха

morsă

морж

vulpe

ліса

gazelă

газель

grădină zoologică - заапарк

fotbal american
амерыканскі футбол

ciclism
веласпорт

tenis
тэніс

basketball
баскетбол

înot
плаванне

box
бокс

hockey pe gheață
хакей з шайбай

fotbal
футбол

badminton
бадмінтон

atletism
лёгкая атлетыка

handbal
гандбол

schi
горныя лыжы

polo
пола

activități
дзейнасць

a sări
скакаць
a îmbrățișa
абдымаць
a râde
смяяцца
a merge
ісці
a cânta
спяваць
a visa
марыць
a se ruga
маліцца
a săruta
цалаваць

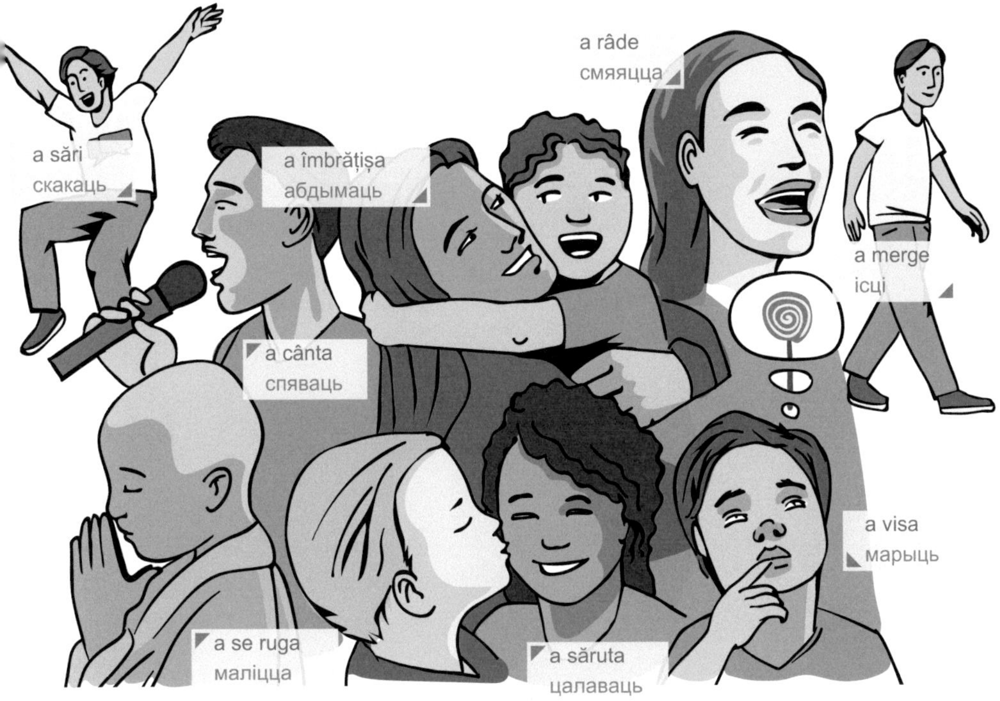

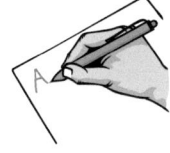

a scrie

пісаць

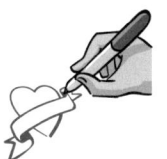

a desena

маляваць

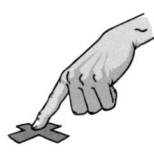

a arăta

паказваць

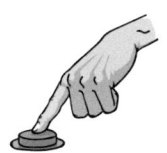

a împinge

націснуць

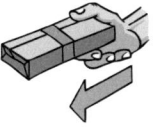

a da

даваць

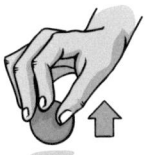

a lua

браць

a avea

маць

a face

выконваць

a fi

быць

a sta în picioare

стаяць

a fugi

бегчы

a trage

цягнуць

a arunca

кідаць

a cădea

падаць

a sta întins

ляжаць

a aștepta

чакаць

a purta

насіць

a ședea

сядзець

a se îmbrăca

апранацца

a dormi

спаць

a se trezi

прачынацца

a privi

глядзець

a plânge

плакаць

a mângâia

лашчыць

a se pieptăna

прычэсвацца

a vorbi

гаварыць

a înțelege

разумець

a întreba

пытаць

a asculta

чуць

a bea

піць

a mânca

есці

a face ordine

прыбіраць

a iubi

кахаць

a găti

гатаваць

a conduce

ехаць

a zbura

лятаць

a naviga

плаваць пад ветразем

a calcula

лічыць

a citi

чытаць

a învăța

вучыць

a munci

працаваць

a se căsători

уступаць у шлюб

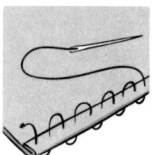

a coase

шыць

a se spăla pe dinți

чысціць зубы

a ucide

забіваць

a fuma

курыць

a trimite

пасылаць

familie
сям'я

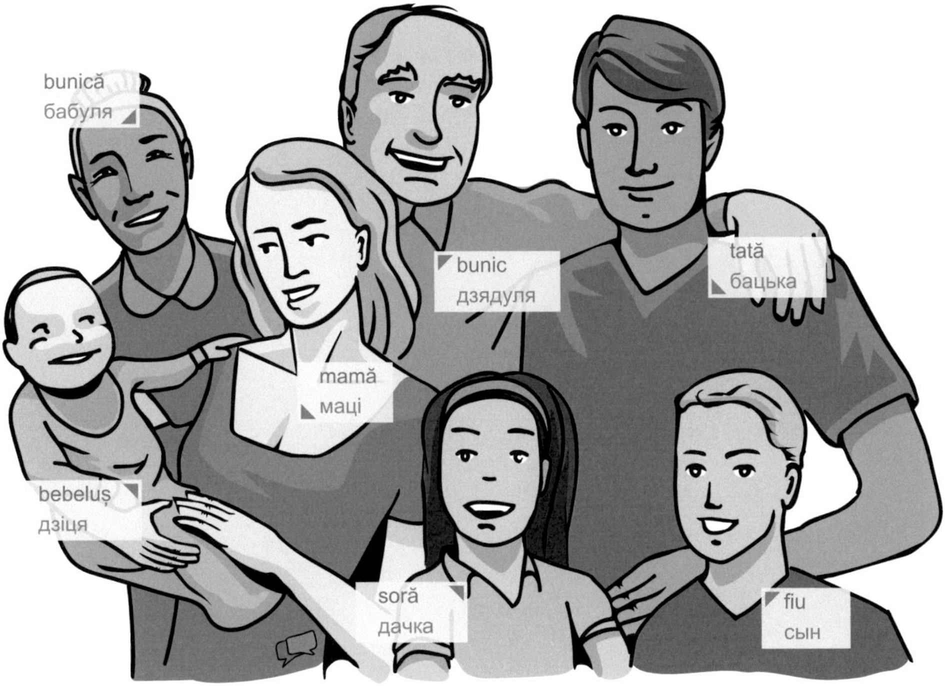
bunică
бабуля
bunic
дзядуля
tată
бацька
mamă
маці
bebeluș
дзіця
soră
дачка
fiu
сын

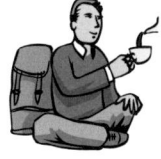

oaspete

госць

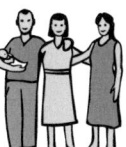

mătușă

цётка

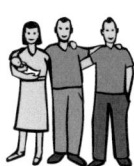

unchi

дзядзька

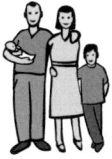

frate

брат

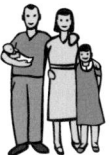

soră

сястра

corp

цела

frunte
лоб
ochi
вока
umăr
плячо
deget
палец
față
твар
bărbie
падбарodak
mână
рука
piept
грудзі
picior
нага
braț
рука

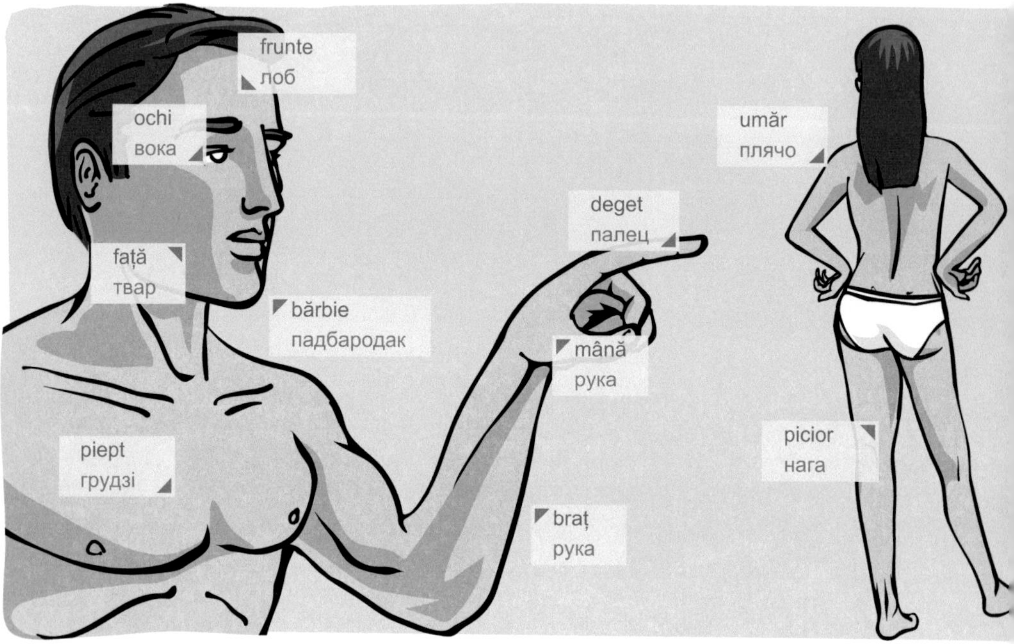

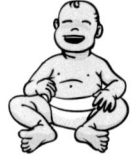

bebeluș

дзіця

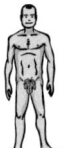

bărbat

мужчына

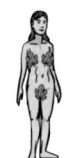

femeie

жанчына

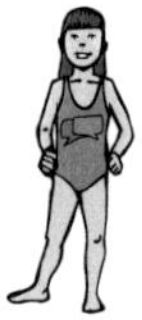

fată

дзяўчынка

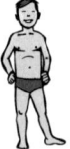

băiat

хлопчык

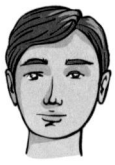

cap

галава

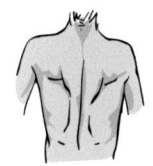

spate

спіна

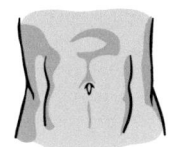

abdomen

жывот

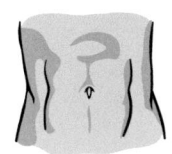

ombilic

пуп

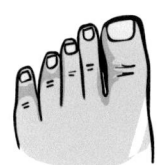

deget de la picior

палец нагі

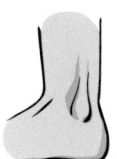

călcâi

пятка

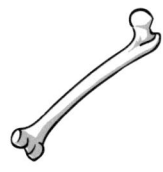

os

костка

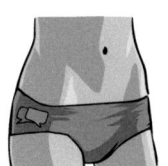

șold

бядро

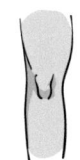

genunchi

калена

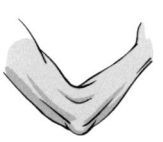

cot

локаць

nas

нос

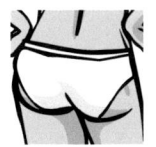

fund

ягадзіца

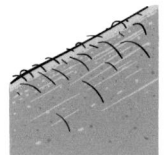

piele

скура

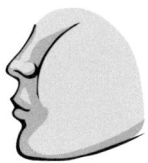

obraz

шчака

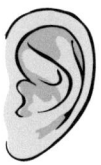

ureche

вуха

buză

губа

gură

рот

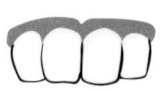

dinte

зуб

limbă

язык

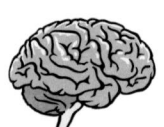

creier

галаўны мозг

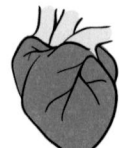

inimă

сэрца

mușchi

мышца

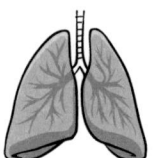

plămân

лёгкае

ficat

пячонка

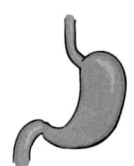

stomac

страўнік

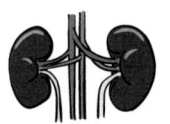

rinichi

ныркі

sex

сэкс

prezervativ

прэзерватыў

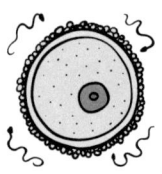

ovul

яйцаклетка

spermă

сперма

sarcină

цяжарнасць

corp - цела

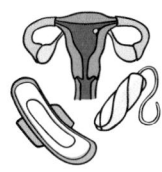

menstruație

менструацыя

vagin

похва

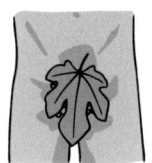

penis

пеніс

sprânceană

брыво

păr

валасы

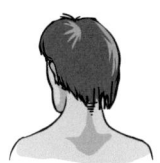

gât

шыя

corp - цела

spital
шпіталь

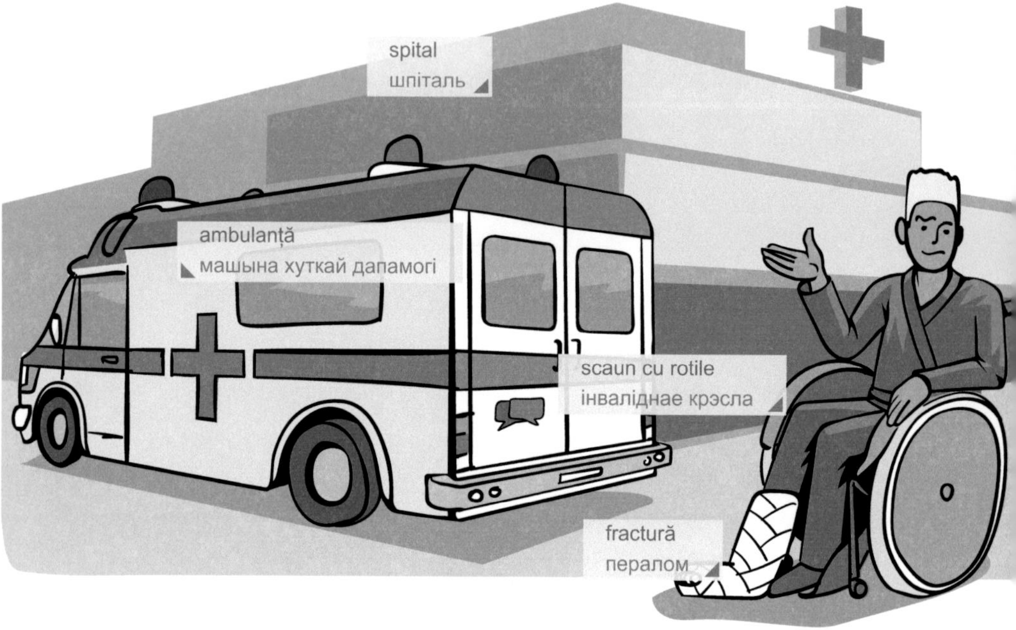

spital
шпіталь
ambulanță
машына хуткай дапамогі
scaun cu rotile
інваліднае крэсла
fractură
пералом

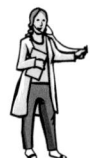

medic

доктар

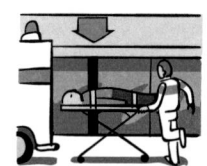

unitate de primiri urgențe

аддзяленне першай дапамогі

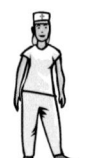

soră medicală

медсястра

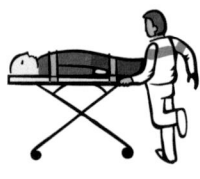

urgență

экстраная дапамога

inconștient

непрытомны

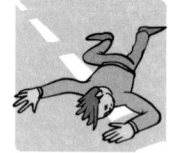

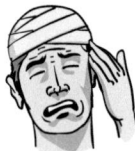

durere

боль

leziune

траўма

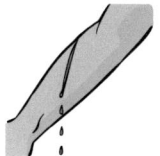

sângerare

крывацёк

infarct miocardic

інфаркт

atac cerebral

апаплексія

alergie

алергія

tuse

кашаль

febră

гарачка

gripă

грып

diaree

панос

durere de cap

галаўны боль

cancer

рак

diabet

дыябет

chirurg

хірург

scalpel

скальпель

operaţie

аперацыя

spital - шпіталь

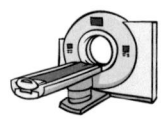

CT

КТ

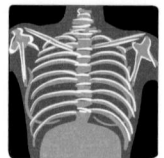

raze Röntgen

рэнтген

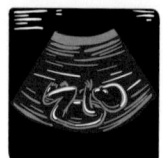

ultrasunet

ультрагук

mască

маска

boală

хвароба

sală de aşteptare

пачакальня

cârjă

мыліца

plasture

пластыр

bandaj

бінт

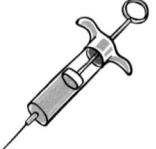

injecţie

ін'екцыя

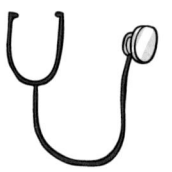

stetoscop

стэтаскоп

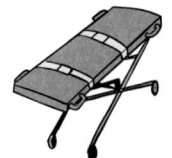

targă

насілкі

termometru

градуснік

naştere

нараджэнне

supraponderabilitate

лішняя вага

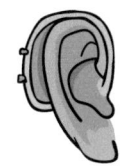

aparat auditiv

слухавы апарат

dezinfectant

дэзінфекцыйны сродак

infecţie

інфекцыя

virus

вірус

HIV/SIDA

ВІЧ/СНІД

medicină

лекі

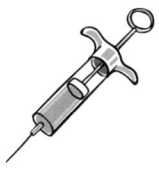

vaccin

прышчэпка

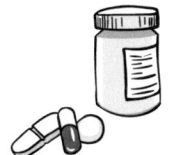

tablete

таблеткі

pastilă

супрацьзачаткавая таблетка

apel de urgenţă

экстраны выклік

aparat de măsurare a presiunii arteriale

танометр

bolnav/sănătos

хворы / здаровы

Ajutor!

Ратуйце!

alarmă

сігналізацыя

agresiune

напад

atac

атака

pericol

небяспека

ieșire de urgență

аварыйны выхад

Foc!

Пажар!

extinctor

вогнетушыцель

accident

аварыя

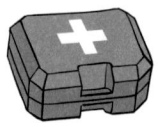

trusă de prim-ajutor

аптэчка

SOS

СОС

poliție

паліцыя

Europa

Еўропа

America de Nord

Паўночная Амерыка

America de Sud

Паўднёвая Амерыка

Africa

Афрыка

Asia

Азія

Australia

Аўстралія

Altantic

Атлантычны акіян

Pacific

Ціхі акіян

Oceanul Indian

Індыйскі акіян

Oceanul Antarctic

Паўднёвы ледавіты акіян

Oceanul Arctic

Паўночны ледавіты акіян

Polul Nord

Паўночны полюс

Polul Sud

Паўднёвы полюс

Antarctica

Антарктыда

pământ

Зямля

ţară

краіна

mare

мора

insulă

востраў

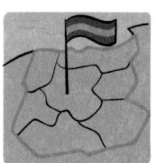

naţiune

нацыя

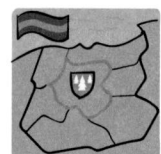

stat

дзяржава

cadran

цыферблат

orar

гадзінная стрэлка

minutar

хвілінная стрэлка

secundar

секундная стрэлка

Cât e ceasul?

Колькі часу?

zi

дзень

timp

час

acum

зараз

cead digital

электронны гадзіннік

minut

хвіліна

oră

гадзіна

săptămână

тыдзень

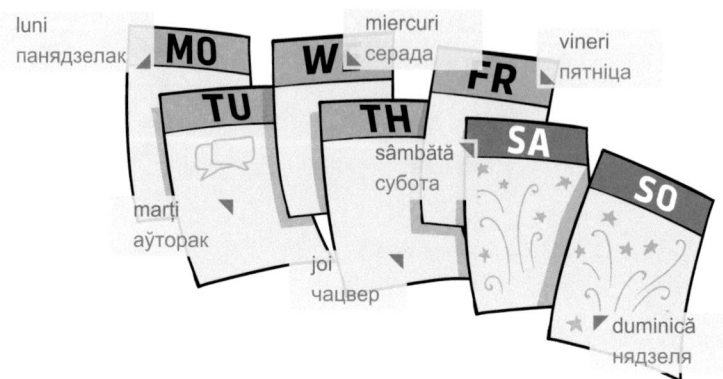

luni
панядзелак

miercuri
серада

vineri
пятніца

marţi
аўторак

sâmbătă
субота

joi
чацвер

duminică
нядзеля

ieri
ўчора

azi
сёння

mâine
заўтра

dimineaţă
раніца

amiază
абед

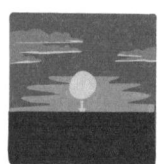

seară
вечар

MO	TU	WE	TH	FR	SA	SU
1	2	3	4	5	6	7
8	9	10	11	12	13	14
15	16	17	18	19	20	21
22	23	24	25	26	27	28
29	30	31	1	2	3	4

zile lucrătoare
працоўныя дні

MO	TU	WE	TH	FR	SA	SU
1	2	3	4	5	6	7
8	9	10	11	12	13	14
15	16	17	18	19	20	21
22	23	24	25	26	27	28
29	30	31	1	2	3	4

week-end
выхадныя

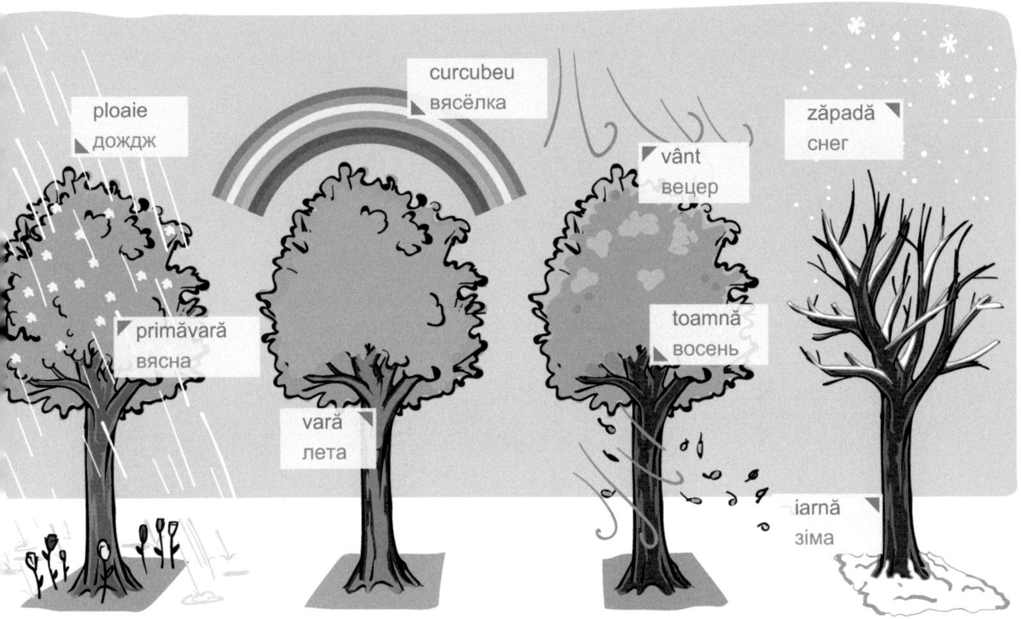

ploaie
дождж

curcubeu
вясёлка

vânt
вецер

zăpadă
снег

primăvară
вясна

vară
лета

toamnă
восень

iarnă
зіма

prognoză meteo

прагноз надвор'я

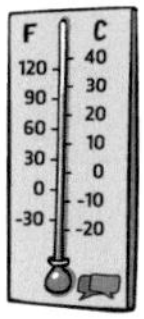

termometru

градуснік

lumina soarelui

сонечнае святло

nor

воблака

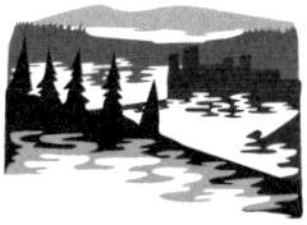

ceață

туман

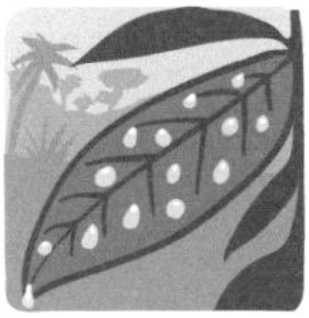

umiditate a aerului

вільготнасць паветра

fulger

маланка

tunet

гром

furtună

бура

grindină

град

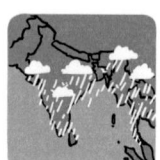

muson

мусонны вецер

inundaţie

прыліў

gheaţă

лёд

ianuarie

студзень

februarie

люты

martie

сакавік

aprilie

красавік

mai

май

iunie

чэрвень

iulie

ліпень

august

жнівень

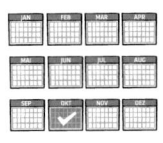

septembrie
....
верасень

octombrie
....
кастрычнік

noiembrie
....
лістапад

decembrie
....
снежань

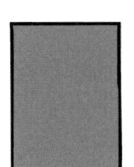

cerc
....
круг

pătrat
....
квадрат

dreptunghi
....
прамавугольнік

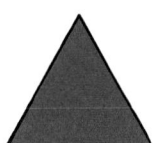

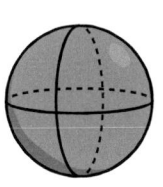

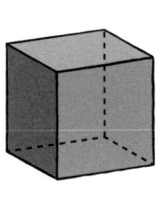

triunghi
....
трохвугольнік

sferă
....
шар

cub
....
куб

alb

белы

galben

жоўты

portocaliu

аранжавы

roz

ружовы

roșu

чырвоны

violet

фіялетавы

albastru

сіні

verde

зялёны

maro

карычневы

gri

шэры

negru

чорны

mult/puțin

шмат / мала

furios/calm

злы / добры

frumos/urât

прыгожы / брыдкі

început/sfârșit

пачатак / канец

mare/mic

высокі / малы

luminos/întunecat

светлы / цёмны

frate/soră

сястра / брат

curat/murdar

чысты / брудны

complet/incomplet

поўны / няпоўны

zi/noapte

дзень / ноч

mort/viu

мёртвы / жывы

lat/strâmt

шырокі / вузкі

comestibil/necomestibil

ядомы / неядомы

rău/prietenos

злы / добры

emoţionat/plictisit

узбуджаны / нудны

gras/slab

тоўсты / тонкі

primul/ultimul

першы / апошні

prieten/inamic

сябар / вораг

plin/gol

поўны / пусты

tare/moale

цвёрды / мяккі

greu/uşor

важкі / лёгкі

foame/sete

голад / смага

bolnav/sănătos

хворы / здаровы

ilegal/legal

нелегальны / легальны

inteligent/stupid

разумны / дурны

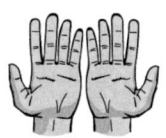

stânga/dreapta

левы / правы

aproape/departe

побач / далёка

antonime - супрацьлегласці

nou/uzat

овы / былы ва ўжыванні

nimic/ceva

нічога / нешта

bătrân/tânăr

стары / малады

pornit/oprit

укл / выкл

deschis/închis

адчынены / зачынены

încet/tare

ціхі / гучны

bogat/sărac

багаты / бедны

corect/fals

правільна / няправільна

aspru/neted

шурпаты / гладкі

trist/fericit

сумны / шчаслівы

lung/scurt

кароткі / доўгі

încet/repede

павольны / хуткі

ud/uscat

вільготны / сухі

cald/rece

цёплы / халаднаваты

război/pace

вайна / мір

0

zero

нуль

1

unu

адзін

2

doi

два

3

trei

тры

4

patru

чатыры

5

cinci

пяць

6

șase

шэсць

7

șapte

сем

8

opt

восем

9

nouă

дзевяць

10

zece

дзесяць

11

unsprezece

адзінаццаць

12

douăsprezece

дванаццаць

13

treisprezece

трынаццаць

14

paisprezece

чатырнаццаць

15

cincisprezece

пятнаццаць

16

șaisprezece

шаснаццаць

17

șaptesprezece

сямнаццаць

18

optsprezece

васямнаццаць

19

nouăsprezece

дзевятнаццаць

20

douăzeci

дваццаць

100

o sută

сто

1.000

o mie

тысяча

1.000.000

un milion

мільён

engleză

англійская

engleză americană

англійская (Амерыка)

chineza mandarină

кітайская мандарынская

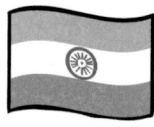

hindi

хіндзі

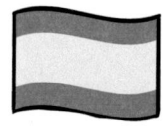

spaniolă

іспанская

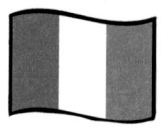

franceză

французская

arabă

арабская

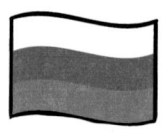

rusă

руская

protugheză

партугальская

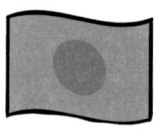

bengaleză

бенгальская

germană

нямецкая

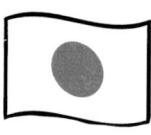

japoneză

японская

eu

я

tu

ты

el/ea

ён / яна / яно

noi

мы

voi

вы

ea

яны

cine?

хто?

ce?

што?

cum?

як?

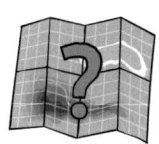

unde?

дзе?

când?

калі?

nume

імя

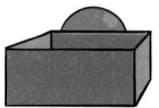

în spate

за

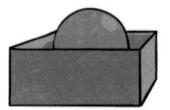

în

у

înainte

перад

peste

над

pe

на

sub

пад

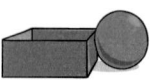

lângă

каля

între

паміж

loc

месца